转危为机

创业第一桶金

吴秀梅◎著

中国财富出版社有限公司

图书在版编目（CIP）数据

转危为机：创业第一桶金／吴秀梅著．—北京：中国财富出版社有限公司，2020. 10

ISBN 978－7－5047－7255－8

Ⅰ．①转…　Ⅱ．①吴…　Ⅲ．①企业管理—应用心理学　Ⅳ．①F272－05

中国版本图书馆 CIP 数据核字（2020）第 196076 号

策划编辑　宋　宇　　**责任编辑**　齐惠民　刘静雯
责任印制　梁　凡　　**责任校对**　张营营　　**责任发行**　董　倩

出版发行	中国财富出版社有限公司		
社　　址	北京市丰台区南四环西路 188 号 5 区 20 楼	**邮政编码**	100070
电　　话	010－52227588 转 2098（发行部）		010－52227588 转 321（总编室）
	010－52227588 转 100（读者服务部）		010－52227588 转 305（质检部）
网　　址	http://www. cfpress. com. cn	**排　　版**	宝蕾元
经　　销	新华书店	**印　　刷**	天津市仁浩印刷有限公司
书　　号	ISBN 978－7－5047－7255－8/F・3223		
开　　本	880mm×1230mm　1/32	**版　　次**	2020 年 10 月第 1 版
印　　张	4. 25	**印　　次**	2020 年 10 月第 1 次印刷
字　　数	63 千字	**定　　价**	32. 00 元

序

当今人类进入了一个新时代。

在这个新时代里，传统的产品和服务正在被新的具有更高性价比的产品和服务所替代。然而绝大多数企业由于战略刚性和运营刚性无法进行适应性变革，这样就给大量新兴企业提供了机遇。

要把握机遇，就需要创业。创业是十分困难的，初次创业者虽然具备某些方面的创业要素和能力，但由于创办企业是一个需要诸多资源（资金、技术、市场、人脉等）和个人管理能力、创造力的动态融合过程，某种资源或某种能力的缺失以及资源之间或能力之间的不合作、不协调都势必导致创业的失败。因此创业失败就在所难免。

一般来说，导致创业失败最主要的原因是

创业者往往被环境左右，他们企图创立一个所谓的“大公司”或者有名的、有影响力的公司。然而一个公司要成为大的公司或者有名的、有影响力的公司，其实是一个小概率事件，不只是通过努力就可以实现的，更多的是需要具备天时、地利、人和等各种因素。

绝大多数创业者失败的原因还有一点就是现金流中断，也就是企业由于缺钱无法维持正常运营。很多创业者一开始就使用融资或者借款维持企业运营，其本身并不具备创造正现金流的能力，也就是一直靠资金输血维持，等投资方或贷款方不再信任该企业能发展起来，不愿承担更多风险时，该企业自然就因为缺钱而倒闭。

因此，创业成功的第一要素是创业者要具备创造正现金流的能力，并保证现金量能够使企业规避市场波动和环境变化所带来的风险。这也意味着只有创业企业具备了一定的自有资金，也就是我们常说的“第一桶金”，创业企业才可能存活下来。

创业成功者都有各自的独到之处，以及一套行之有效的方法。白手起家的成功者创业成功或失败的经历更会给我们“一无所有”的创业者一个很好的启示，它会指导我们如何选择创业项目、如何选才用人、如何获取创业资金、如何熟悉市场、如何运作企业、如何避免失败、如何少走弯路。作者的创业第一桶金的成功获得，她的人生态度、成功经验及失败教训，对其他创业者来说都是一种精神鼓励、一种借鉴或一种无形的力量。

本书理论和实践紧密结合，实操性强，相信这本书会对正在创业或想要创业的你有所帮助！

中阳觉

2020 年 8 月 17 日

前言

2020年，新型冠状病毒肺炎（以下简称新冠肺炎）疫情爆发之后，我国采用的短期限制人口流动的政策，对新冠肺炎的防控起到了一定的作用，并取得了较好的效果。但在全国实行大范围的复工政策和经济恢复政策前，劳动者不能按时返工导致劳动力供给大幅减少，企业不能及时复工复产导致全社会的新增投资规模相应下降，用工需求随之减少。在未恢复到正常的生活和生产前，居民、企业和政府的收入均有所缩减，进一步降低了全社会对商品和劳务的消费需求，从而影响了宏观经济的恢复和发展。目前全球疫情仍在发展中，这给中国经济乃至全球经济都带来了不利影响。

这次新冠肺炎疫情虽然会对中国经济的发展带来挑战，但是并不会改变中国经济长期向好发展的根本趋势。疫情短期会对经济造成重大冲击，但不影响中国长期经济的基本面。就第三产业而言，经济增速在第一季度出现明显下滑，给经济造成的损失大约为4万亿元。疫情对交通运输、旅游（尤其是出入境旅游）、住宿餐饮、零售、影视、展会、教育培训和农林畜牧产业的影响会相对比较大。

疫情造成的损失正在形成，很多中小企业会受到冲击这是必然的，但恐慌或者悲观是无济于事的。事实上，就作为市场主体的企业而言，政策充满众多不确定性，那么，在疫情之下，中小企业应该做些什么?

危与机是并存的，危中必有机，疫情也会给企业提供一次全面自我检讨和转型升级的契机。比如，通过这次疫情，企业可以找到经营的关键点或风险点：哪些环节是企业薄弱的环节、哪些方面对企业的影响最大、企业的哪些流程不能快速适应环境的变化，等等。疫情的发生，从某种意义上进一步提示我们，企业要加快转变经营发展方式，推动企业全面改革、全面治理，解放和发展生产力，从而推进国家治理体系和治理能力现代化。

2020年是我国实现第一个百年目标、全面建成小康社会、脱贫攻坚的收官之年，也是“十三五”规划的收官之年。面对疫情，我们经受了许多折磨：企业不能开工、居民不能出门、出门要戴口罩，等等。于是我们有了以下感悟：

感悟一：人安全活着是多么幸福；

感悟二：人与自然和谐相处是多么幸福；

感悟三：企业健康发展是多么幸福。

幸福是指一个人自我价值得到满足而产生的喜悦，并希望一直保持这种现状的心理情绪。

一个人要想幸福，就得产生价值。人的价

值包括很多方面，有经济价值、社会价值、家庭价值、工作价值、榜样价值、国家价值等。在经济社会，人的经济价值通常是很重要的，能够为企业创造价值、为家庭创造价值、为亲朋好友创造价值，人就活得很有价值，就会感到幸福。当然除了经济价值，保家卫国等其他社会价值也是一个人幸福的源泉。

一个在企业工作的人，他的幸福来源于他能持续创造财富价值。不管他是企业的管理者，还是创业者，他只要合法创造了财富价值，他就会感到幸福。

而能否创造第一桶金是一个初次创业者人生中最重大的事，他只有具备获取第一桶金的能力，他才具备幸福的能力，才能保持长期的幸福。

吴秀梅

2020 年 8 月 18 日

目 录

CONTENTS

01 获取第一桶金是十分困难的

转危为机

创业第一桶金

创业是十分困难的，从历史统计数据来看，创业的成功率很低，低于1%。因为要把企业做成功，需要在一段较长的时间里，在很多事情组成的价值网链上，不断做出正确的决定。而若在某一个时间点上做出一个错误的决策，就可能造成整个创业项目的失败。因此，创业是对创业者的综合素质的考量。

抛开资金、人脉、经验、天时、地利等因素，仅从营销这个角度来看，就可以理解为什么相当多的创业者会以失败而终，因为绝大多数创业者不懂营销、不重视营销，甚至觉得与营销相关的“理论”“大道理”没有什么实质价值。

如今的市场绝大多数是买方市场，而非卖方市场。买方市场亦称买主市场，是指商品供过于求，卖主之间竞争激烈，买主处于主动地位的市场。市场商品供给量超过需求量，卖主降低销售条件，想方设法将自己的商品销售出去，以至廉价抛售，引起市场商品价格下降。这对买主十分有利，使其对商品有充分选择的余地。竞争不仅体现在商品的价格上，而且体现在商品的质量、花色、样式、功能、售后服务、交货期、包装等方面。

如今的消费者绝大多数是理性的，因为他们见过太多的商品，也见过太多商家的“套路”，并非商家做个打折活动，他们就会蜂拥而至。如今的消费者很清楚自己想要什么，很容易识别商家的“把戏”。

当下的创业失败率到底有多高

不知道从什么时候起，我国掀起了一股大学生“创业潮”，很多刚毕业甚至还没有毕业的大学生，都在计划着如何创业。但现实是很残酷的，事实证明这些大学生很多只会纸上谈兵，根本就没能力赚到钱。其实大学生不愿意打工，一心想创业也是可以理解的，特别是在当下这个物欲横流的时代，靠打工已经满足不了年轻人的物质欲望，毕竟谁都想有所作为。不过，创业并不是那么简单的事情，很多在社会上摸爬滚打多年的职场精英都失败了，更别说刚出校门，一没人脉、二没经验、三没技术的大学生了。

事实上，很多人本质上是不适合创业的，按照传统的说法就是"没有那个命"。雷军曾经说过：创业真不是一般人能干的事情，都是阿猫阿狗干的，正常人不会去创业。因为你一旦选择了创业，就相当于选择了一个有痛苦、有压力、有困惑，不被理解、被人看不起的人生。真正能创业成功的，只是极少数人，绝大多数人都成了成功者路上的垫脚石。如果你有一些资金，尽量去做一些小生意，如果拿它去创业，不但可能本金打了水漂，还会欠下巨额的债务。如果你铁了心要创业，那么你至少要有一样别人没有的东西，比如资金、技术、人脉等。

那么当下创业的失败率究竟有多高？我们来听听郎咸平教授的说法。郎咸平教授表示，创业有一定的经济规矩，不是你想成功就能成功的。有关数据表明，我国的创业失败率很高，世界上的一些发达国家同样如此。这也就是说，在 100 个创业者中，可能一个成功的都不会有。创业失败率之所以这么高，其实和我国的政策有一定关系，因为近几年国家积极鼓励大学生创业，创业的人数多了，那么失败率自然就提高了。目前，大学生的创业失败率在 95% 以上，二次创业失败率在 80% 以上，总体失败率在 90% 以上。这并不是说剩下的 10% 就创业成功了，只是他们还没有破产而已。[1]

① 资料来源：财经每天见。

绝大多数人是在不具备创造第一桶金能力的情况下，就贸然投资去创业，结果导致失败。失败后很多人需要花很长时间去偿还贷款、员工的工资、供货商的钱。因此在一段时间内，他无法再去获取第一桶金。折腾几年后，他们中的大多数就不再去努力博取第一桶金，只能选择继续打工。

02 获取第一桶金的谋略

转危为机

创业第一桶金

谋略是谋取的方略。方略是由方式、方法和策略构成的。因此可以说，谋略就是谋取的方式、方法和策略。

那么，获取第一桶金的谋略就是谋取第一桶金的方式、方法和策略。它需要根据自身所拥有的人脉、资金、技术、经营能力、管理能力等各种资源和能力，对眼前和长远的利益综合思考后而确定。

（一）获取第一桶金的谋略是骑马找马

古语有云："马无夜草不肥，人无横财不富。"第一桶金可以说是一个人的第一笔"横财"。

大多时候，一样东西"横"着看比"纵"着看要大，因此，"横财"就是很多钱的意思。马不吃夜草长不壮；人没有获得一笔很多的钱（横财）就不富，也就很难实现财务自由。

第一桶金其实可以理解为一个人通过努力获得的人生第一笔很多的钱。

由于前面论述了获取第一桶金是十分困难的，如果靠创业去获得第一桶金，成功的概率很低。因此，获得第一桶金需要谋略，也需要掌握获得第一桶金的规律。

《道德经》是中华民族智慧的结晶，它充分阐释和论述了“道生一，一生二，二生三，三生万物”这个事物发展的规律。没有“道”就没有一，也就没有之后的二、三以至万物苏。所以在获得第一桶金之前一定要获得“道”，也就是要掌握获得第一桶金的规律，这是关键所在。

一个人要想获得“道”，他就需要向获取过第一桶金的人学习。因为获取第一桶金是一门实用性学问，不能仅从书本中学到。而要想找到获得过第一桶金的人，就要骑马找马。骑马找马，比喻一个人在某工作岗位上，利用其工作的关系，更容易找到更好的、更称心的工作，或者找到更赚钱的项目。

李嘉诚骑马找马获得人生第一桶金

1937 年，日本侵华战争全面爆发，硝烟弥漫。一年后日军轰炸潮州，李嘉诚一家不得不辗转到香港投奔亲朋好友。但是好景不长，1941 年太平洋战争爆发，英国的香港守备部队向日本投降，港币贬值、物价上涨，本身不富裕的李嘉诚一家生活更加窘迫。李嘉诚的父亲还因此染上肺病，不久后就去世了。生活的重担压在年仅 13 岁的李嘉诚身上，他仿佛瞬间变成熟了许多。经历了少年失学、家道中落以及父亲离世的痛楚，李嘉诚依然对美好生活持有向往，期盼着自己快点长大，学习从来不停息。天生聪慧的李嘉诚很快就学到了很多本事，但是因实力有限，前期不得不给别人打工。

1945 年日本投降，战争也随即结束，百废待兴。17 岁的李嘉诚本身就好学，再加上精明能干，深受老板赏识，20 岁便当上总经理，这在公司还是头一例。这也是李嘉诚人生的转折点，他从这个职位上收获了很多经验，比如货品的进出口价格、进出口管理，以及一些营销技巧等，为他未来创业打下了基础。

当时的香港是全国最大的对外贸易中心，所以有很多与外商交流的机会。李嘉诚每周都会收到订阅的英文的塑料专业的杂志，他一边了解商机，一边提高自己的英文水平。1950 年经济逐渐开始恢复，各种行业对塑料的需求很大，李嘉诚看好了这个商机，拿着自己所有的积蓄和向舅舅借来的 5 万港元，开始了自己的首次创业。创业过程是艰难的，李嘉诚在创业中经历了很多曲折。

历尽千辛万苦，1957 年，李嘉诚被誉为“塑胶花大王”，工厂净利润突破 100 万港元。所以说没有一个人是没经过努力就能成功的。

社会就像一张砂纸，有棱角的我们被打磨得无比光滑。人生从历练中走来，成功的背后尽是沧桑。

李嘉诚之所以能获取第一桶金，关键在于他骑马找马的谋略。首先他 17 岁时就在一家工厂打工（骑上了马），由于好学、能干，积累了很多经验。最终通过自己的聪明才智和努力工作，李嘉诚获得了职务的提升，也逐步掌握了获取第一桶金所需要的各种能力，为未来的创业打下了一个良好基础。

马云的人生第一桶金

1988 年，24 岁的马云从杭州师范学院外语系毕业之后，就在一所大学当英语老师。

利用当老师的身份，马云于1994年开办了一家翻译社。（骑上马了）

一个偶然的机会，马云去了美国，在那里他第一次接触到了互联网，并被它深深地吸引住了。（骑马找马）

凭借敏锐的眼光，马云认为未来必将是互联网的时代，他觉得可以大干一场。从美国回来后，马云四处借钱，凑了大约2万元，创立了海博电脑服务有限公司，这也是中国最早的互联网公司之一。公司主要的业务就是给当时的中国企业做主页、做广告，介绍公司的主要业务、规模、实力等情况，相当于如今的公司官方网站。

当时互联网刚进入中国，很多人都不知道互联网是什么，把马云当成到处推销的骗子。尽管艰难，在马云的努力下，两年之后，公司的营业额达到了700多万元。

这700多万元可以说是马云赚到的第一桶

金。之后马云卖掉了海博电脑服务有限公司，前往北京开发了外经贸部官方网站、网上中国商品交易市场等一系列网站。1999 年又回到杭州创立了阿里巴巴。马云凭借着艰苦创业的历程，磨炼了自己的意志，也增长了见识，为后续在创立阿里巴巴中克服更大的困难奠定了基础。

马云能取得今天的成就并不是一帆风顺的。

马云大学毕业后，先在一所大学教英语（骑马），同时也从事翻译工作（找马），随后成立了英语翻译社（换马）。通过做英语翻译的机会到美国接触到了互联网，发现了更好的项目（新马），接着又成立海博电脑服务有限公司（换了一匹更好的马）。

《惠崇春江晚景》中有句诗曰："春江水暖鸭先知"，意思是鸭子在水中嬉戏，它们最先察觉到初春江水的回暖。换句话说，一个人只有行走在创富的道路上，才能敏锐地发现获得第一桶金的机会，也才能抓住这个机会，从而获得人生的第一桶金。

（二）组建获得第一桶金的创业团队

所谓“一个篱笆三个桩，一个好汉三个帮”。要通过创业来获得第一桶金往往不是一个人就可以完成的。因为要完成一项事业往往需要一个人在各方面都很完美，不能有短板，否则成功只是暂时的，稍有不慎，就会导致创业遇到挫折甚至失败。

人无完人，人各有各的优势，只有组建一个互补、团结、和谐的团队才能把事情做得更好。因此要获得第一桶金，就要组建一个优秀的创业团队。

稻盛和夫的第一桶金

被称为日本“经营之神”的稻盛和夫不算聪明，初中、高中、大学考试常常不及格。

他原本想当个医生，可是现实却是他只能在一家工业陶瓷厂打工。工厂濒临倒闭，发不出工资，员工士气低落，常常以罢工宣泄不满。跟稻盛和夫一起去的四名大学生全部辞职，只有稻盛和夫留下了。他吃住都在实验室。每天不停思考，一次又一次地在头脑中模拟推演，最终既无知识和技巧，又缺乏经验和设备的稻盛和夫，却研发出了世界领先的新材料“镁橄榄石”，给快要倒闭的工厂带来了生机。

之后，稻盛和夫为了开发日立制作所的陶瓷真空管，日夜操劳。有一次，一名新任的技术部部长见稻盛和夫团队的开发研究未能有所突破，就武断地说：“看来这项研究靠你难以完成，你停手吧，我让别人来干。”稻盛和夫认为，再在这里干下去，也不可能实现一个技术人员的梦想，于是他提出了辞职。

听说稻盛和夫要辞职，他的部下们异口同声地说："我也辞职，跟着你干！"甚至连曾经当过他上司的青山政次先生也说："我也辞职，而且我来想办法筹措资金，为你办一家公司。"青山先生还将稻盛和夫引荐给他在京都大学工学部的两位老同学，京都配电箱制造厂宫木电机制作所的专务西枝一江和常务交川有。他们两人都说："稻盛君多么优秀我们不知道，但一个二十六七岁的青年能成何事！"但是青山仍不放弃，终于说服了他们，最后连宫木电机的社长宫木男也同意出资。

然而，要让新公司实际运营，需要设备投资和流动资金大约1000万日元。在当时这是一大笔钱，他们当然没有，只好向银行借贷，西枝先生主动用自家房产作了抵押。

京都陶瓷公司于1959年4月1日开业，

创业之初是借用宫木电机的仓库，共有员工28名。公司社长由宫木电机的社长宫木兼任，青山当专务董事，稻盛和夫任董事兼技术部部长。实际经营工作也由稻盛和夫承担。

从稻盛和夫的经历来看，当一个人在某个公司工作的时候（骑马），既能提高自身能力，也可以找到好的项目，还可以组建自己的团队。

03 获取第一桶金的正确心态

转危为机

创业第一桶金

自古以来，人们都说欲做生意先做人，要树立“吃亏是福”的心态。

“能受苦乃为志士，肯吃亏不是痴人。敬君子方显有德，怕小人不算无能。”曾国藩也常说自己的成功就来自吃苦、吃亏。有志气的人才能承受痛苦，有智慧的人才懂得吃亏是福，这样的人往往更容易成功。

成功的企业家大多认为：小商人为自己逐利，要想成为大商人，要先给别人带来利益，只有自己肯吃亏，别人才愿意跟你做生意，生意才能做大。一个聪明人为人处世，懂得吃亏是福，因为吃亏可以帮助他提高人气、积攒人脉，更容易得到赚钱的项目。

（一）年轻时早吃亏

人生吃亏要趁早，早点吃亏早学乖，早点学乖早成熟，早点成熟早成功。俗话说：“穷人家的孩子早当家。”因为家里不富裕，别人还在无忧无虑地玩耍时，贫寒人家的孩子已经在养家糊口了。他们从小就要为了生存而奋斗，就要吃别人没吃过的苦、别人没吃过的亏，所以成熟得比别人早。这样的人经受的磨砺和锻炼更多，立身处世的经验更丰富，所以更容易发现机会、创造机会、把握机会。

一个人被别人呵护得越久，并不是越幸福，而是越脆弱。温室的花朵经不起风吹雨打，反而野花野草风吹不倒、雨压不垮，有着更顽强的生命力。如果说一个人的成功注定要历经磨难，那么越早吃亏越好，这样才能早长本事早成事，所以从某种意义上来说，年轻时早吃亏其实是一种福气。

（二）赚钱时先吃亏

一个人越是想要赚钱，就越不能把钱放在眼里，如果总是为了一点小利就斤斤计较，得到的也不过是蝇头小利，失去的却是人生格局。

那么也许有人会问，做生意吃亏总是赔钱，怎么可能成功？

吃亏或许不能直接带来财富，但是可以带来更多的机会。人生就是这样，占别人十次便宜，也不会发财，但是只要把握住一次机会，就有可能取得成功。做生意的时候，牺牲一点儿小利，让别人得到实惠，就会赢得更多的人气，而人气也是财气和福气。越是肯吃亏的人，获得的机会就会越多，这是为人处世的智慧，也是“吃亏是福”的真谛。

郑板桥一生办糊涂事、吃糊涂亏，但是活得依然很潇洒，艺高品更高，所以青史流芳。他说过：“人生吃过的亏，最后都变成了聪明，反而是喜欢算计的人，聪明反被聪明误。”为人处世，怕的不是吃亏，而是贪小便宜，所以说——难得糊涂，吃亏是福！[1]

① 资料来源：百家号“人生处世大智慧”。

华为的成功，离不开任正非的“吃亏”

“吃亏是福”，大家觉得很有道理，就是做不到，也很少有人能做到。我尊敬别人，别人不尊敬我；我爱护别人，别人讨厌我；我帮助别人，别人不帮助我。于是我不肯吃亏了。

如果吃亏是福，占便宜就是祸。当明白了这个道理，人就不会轻易产生占别人便宜的念头。

穷人和弱者更要学会吃亏，因为他们比富人和强者更需要机会。

任何强大的企业都有弱小的时候，华为也不例外，一个初创企业成长为全球科技领先企业，离不开任正非的“吃亏”。

43 岁的任正非从部队退役，1987 年凭借 2 万多元成立了华为技术有限公司。当时的华为就是一家名不见经传的小公司，但任正非很优秀，在大学毕业后应征入伍成为一名基建工程兵，历任技术员、工程师、副所长。在部队十多年的历练让他练就了一身专业本领。

任正非敏锐地意识到，随着电话的普及，程控交换机有很大的市场潜力。但是，当时这个行业被国外的巨头垄断，在北京、上海、广州和深圳等一线城市，华为进攻市场的机会渺茫，如果和这些巨头争夺市场份额，那就是以卵击石。

如何从强大的竞争对手那里分得一杯羹，任正非选择了“吃亏”。

虽然华为产品的质量丝毫不比国外厂商的差，但是，任正非决定大幅降价，华为的C&C08交换机的价格比国外同类产品低2/3左右，而功能却与之类似。凭借质优而价低，华为终于在市场上占有了一席之地。

需要特别强调的是，如果任正非把主战场选择在一线城市，即便是吃亏降价，国外巨头只要一跟进，华为就会被“消灭”。而任正非当时选择的是农村市场，他主动避免在一线城市和对手竞争。农村用户并不像城市用户那样看重品牌，他们更看重价格，因为他们手里缺钱，这样，任正非的“吃亏”便有了市场。

在接待客户的时候，任正非的原则是，接待客户的标准是自己觉得吃亏了，如果没有这种感觉，就很难赢得这个客户。正是坚持了这个原则，华为在市场预算上“敢于花钱”是出了名的。公司曾提出：“不敢花钱的干部不是好干部，花不了的要扣工资的理念”。任正非要求员工在该花钱的时候一定要舍得，对重点客户的投入更要舍得。

华为进军国际市场的时候，仍然采取的是“吃亏”策略，同样也是先进入发展中国家的市场。凭借着过硬的质量和低价策略，华为在国外也是做得风生水起，到 2008 年年底，华为的电信设备在国际市场上已覆盖 100 多个国家和地区，全球排名前 50 名的电信运营商中，已有 45 家使用华为的产品和服务。经过 20 多年的努力，华为于 2010 年进入了世界 500 强之列。

随着人们生活水平的大幅提高，电信行业就是一个大风口，电信设备可以说是供不应求。这个时候，其他厂家都纷纷提价，华为公司内也有人提出应大幅提价，但这个提议被任正非一口回绝了。

2009 年，任正非在运作与交付体系奋斗表彰大会上讲：“低作堰就是节制自己的贪欲，不要因短期目标而牺牲长期目标，自己留存的利润低一些，多一些让利给客户，以及善待上游供应商。”

任正非利用低价吸引了更多的客户，虽然利润低了些，但是因为客户量增大，边际成本也就大幅下降，这是吃亏的商业逻辑。

商场如战场，偶尔的“吃亏”或许会带来更大的福利！[1]

---

① 资料来源：迟忠波，“格局决定一切”微信公众号，2016 年发表文章《任正非：华为从弱小到伟大只因为这两个字》。

04 获取第一桶金的品格

转危为机

创业第一桶金

创业中获取第一桶金需要的品格是“诚信”。

对企业而言，诚信是无形资产。市场经济是信用经济、契约经济。企业作为市场经济的主体，诚信是其生存发展的“通行证”，起着至关重要的作用。消费者最讨厌的是作假的人和作假的企业。作假的人和企业无信誉，也就无法获得消费者的信任。

企业只有被信任，顾客才会购买其产品和服务。百年老店同仁堂恪守“炮制虽繁必不敢省人工，品味虽贵必不敢减物力”的祖训，以诚信铸造金字招牌，历经沧桑而常青不衰。“晋商”“徽商”以信用为上，各领风骚数百年。在市场经济大潮中，对于那些诚信经营的企业，客户、合作伙伴才会主动上门，优质资源汇聚在一起，企业因而才会如鱼得水。

反观那些不讲诚信、不守信用的企业，即使逞一时之势、得一时之利，也终将因信用“亏空”而被淘汰出局。企业要想发展壮大，信用的标准不能降低，必须坚持以诚兴业、信誉至上、履约践诺，擦亮企业的诚信“名片”，靠信誉打造品牌、占领市场，赢得发展优势。

市场经济是一辆由诚信与法律组成的“双轮车”，若没有诚信的坚强基石，法律便犹如建在沙土上的高层建筑。对于市场经济下的公司经营者来讲，诚信经营是立业之本、兴业之道，在任何交易、任何情况下都要坚守诚实信用是必然、唯一的选择。

企业加强诚信建设的关键在于制度化。诚信精神的树立、诚信风尚的培育，离不开广泛深入的宣传教育，但仅靠道德教化、叩问良心是远远不够的。加强诚信建设，必须用制度保驾护航，把道德伦理的柔性规范与法律制度的刚性约束紧密结合起来，才能实现诚信建设制度化及常态化发展。[1]

① 资料来源：《人民日报》，2014 年 9 月 5 日第 04 版。

（一）诚信经营是创业的使命要求

价值观是企业文化的核心，是企业生存与发展的需要，是企业实现使命、愿景的动力和源泉。一般来说，企业使命主要包括对员工、对客户、对股东、对社会以及对环境保护等利益相关方的承诺，有承诺就需要诚实守信。企业只有具备诚信理念，不断发扬工匠精神，才能受到消费者的青睐，最终才能脱颖而出。

格力电器一直都以质量过硬的形象存在于大众的印象里，格力空调尤其受消费者欢迎。格力电器 2016 年的年报显示，格力家用空调的产销量自 1995 年起连续 22 年稳居中国空调行业第一，自 2005 年起连续 12 年销量领跑全球。《产业在线》的数据显示，2016 年格力家用空调的国内市场占有率达 42.73%。格力电器发布的 2017 年半年度报告显示，报告期内公司实现营业收入 691.84 亿元，同比增长 40.67%；实现净利润 94.5 亿元，同比增长 48%。在国家知识产权局公布的 2016 年中国发明专利排行榜中，格力电器凭借 3299 件发明专利申请受理量和 871 件发明专利授权量位居全国榜单第七。

在互联网、消费升级的大背景下，消费者更加注重品质消费。格力电器掌门人董明珠曾在公开场合承诺“格力空调十年之内不坏不修，坏了包换”。格力电器不断进行技术创新，提高产品质量，这是格力保持良好品牌形象的主要因素，也是其践行工匠精神的具体表现。[①]

（二）诚信经营是企业发展的核心竞争力

企业是资源的集合体，一旦某项资源具有稀缺性，就具有了市场竞争力的价值。在企业的资源集合中，

① 资料来源：《中国商界》杂志，《树立诚信意识　为诚信企业点赞》。

处于伦理层面的诚信以其所具有的独特的不可模仿性成为企业核心竞争力的重要组成部分。伴随着经济全球化和网络化发展，企业之间的竞争已非单纯的产品、服务、资本的竞争，取而代之的是诚信、品牌、信誉等无形资产的竞争。作为企业信誉的重要基石，诚信构成了企业宝贵的精神财富和价值资源，使企业无形中降低了交易成本、赢得了持久的市场认同。中国工商银行的企业文化取得了社会的广泛认同，其品牌名言"您身边的银行，可信赖的银行"给广大民众留下了非常深刻的印象。

2018年1月17日，网上爆出了一份华为公司《对经营管理不善领导责任人的问责通报》，并被迅速刷屏。这份通报称，近年来，华为公司部分经营单位陆续发生经营质量事故和业务造假行为，公司管理层对此负有领导不力的管理责任，经董事会常务委员会讨论决定，对公司主要责任领导作出问责，并通报公司全体员工：任正非罚款100万元，

> 郭平罚款50万元，徐直军罚款50万元，胡厚崑罚款50万元，李杰罚款50万元。该文件由华为总裁任正非于2018年1月17日签发。据有关消息称，“业务造假”可能主要涉及的是海外一些代表处虚增订货经营数据的行为，华为已对那一时期涉嫌数据造假的主要高级别领导进行降职降薪、冻结晋升处理。

据华为内部人士透露，2018年1月15日，在华为的年度工作会议上，任正非“批判”了上述情形，并且当即表示要罚自己100万元。虽然人们对此事的评判不一，但我们应当看到一个客观事实——华为公司从30多年前一家普通的代理公司，发展到如今已成为商业巨头。对于华为做出的成绩及其管理理念，我们应当用理性的思维去看待，同时也要对其敢于“吾日三省吾身”的企业精神点赞。①

① 资料来源:《中国商界》杂志,《树立诚信意识 为诚信企业点赞》。

（三）诚信是企业重要的无形资产

对于企业来说，资产是能够为企业带来未来经济效益的各种资源，不仅包括房屋和机器等有形资产，还包括商誉和专利权等无形资产。诚实守信是指企业有良好的信誉。虽然它作为无形资产不能给企业带来直接的市场和利润，但它是企业一种非常有用的资源。企业拥有良好的商业信誉和值得信赖的企业形象，可以使顾客信任其产品和服务，并成为企业的忠实顾客。这些忠实的顾客进而会利用自己的经验和感受来介绍和影响其他顾客。这样，企业的客户群就会越来越大，市场占有率也会不断提高，企业才能继续快速发展，成为行业的领头羊。

诚信是文明社会倡导的一种道德规范，是一切价值的基础。只有诚实守信，才能赢得别人的信任和尊重。对一个正常人来说，被信任和被尊重会带来幸福。

高尔基有句名言：走正直诚信的生活道路，定会有一个问心无愧的归宿。一般来说，一个人的自我定位和对人生价值的不懈追求，可以分为物质利益的享受、名利的享受、德行的享受三个层次。诚实守信是实现“德高望重”的最佳途径。如果人没有诚信，就会像没有翅膀的鸟一样失去生命的意义和价值。

海尔“砸冰箱”事件就是企业讲诚信的例子。1984年以前，青岛电冰箱总厂主要生产单缸洗衣机，当时是按照一等品、二等品、三等品、等外品分类的。当时的中国实行改革开放不久，物品缺乏，因此市场非常活跃，只要产品能用，就可以堂而皇之地送出厂门，而且基本上都卖得掉，就连等外品也能销售出去。实在卖不动的产品，就分配给一些员工自用，或者半价销售。

1984年年末，张瑞敏到青岛电冰箱总厂担任厂长以后，他经常给员工安排质量培训、学习日本的质量管理方法，成立质量管理小组。应该说，质量管理的方法，员工容易学会；但是员工的质量意识却不是一朝一夕就能改变的。所谓“冰冻三尺，非一日之寒”，因为在员工的头脑里整天是“一等品、二等品、三等品、等外品”，固有的产品质量观念很难改变。

尽管如此，张瑞敏却坚持说：“这些不合格的冰箱必须就地销毁。”他顺手拿起了一把大锤，朝着一台质量不合格的冰箱就砸了过去，并砸得稀巴烂，然后把大锤交给了责任者。在场的人流泪了。虽然一台冰箱当时才800多元，但是员工每个月的工资才40多元，一台冰箱的价格是他们将近两年的工资。

张瑞敏说，从现在开始，要树立产品质量理念，有缺陷的产品就是废品。以后的产品不能再以一等品、二等品、三等品和等外品进行分类，只分合格品和不合格品。市场只能出现合格品，不合格品不能进入市场。如果发现不合格品进入市场，就要追究生产者的责任。以后要完善质量管理制度，谁再生产质量不合格的冰箱，就由谁负责。由此，员工开始明白，海尔的前途与严格的质量管理息息相关，因此一定要重视产品的质量。冰箱总厂的老职工胡秀英说，忘不了那沉重的铁锤，高高举起又狠狠落下，那台质量不合格的冰箱顷刻间成了一堆废铁。它砸碎的是我们陈旧的质量意识，却唤醒了我们努力提高自身素质的意识。

在这个事件中，张瑞敏带头扣掉了自己当月的工资，以作警示。这一事件成为海尔发展史上的经典案例。它给海尔全体员工的思想造成了强烈的冲击，提高了员工的质量观念。张瑞敏的这一锤是在告诫海尔的全体员工：谁生产了不合格的产品，谁就是不合格的员工。一旦树立了这种观念，员工的生产责任心就迅速增强，在之后的每一个生产环节都不敢马虎，使“精细化、零缺陷”成为全体员工发自内心的心愿和行动，从而为企业奠定了扎实的质量管理基础。

海尔“砸冰箱”事件四年后的1988年，海尔就获得了中国电冰箱市场的第一枚金牌——“国家优质产品奖”。

05 获取第一桶金的精神*

* 本部分引用了吕建中等著《精益人生管理》（经济科学出版社 2007 年版）一书的部分内容。

转危为机

创业第一桶金

巨变时代，机会稍纵即逝。

英特尔（Intel）创始人之一戈登·摩尔（Gordon Moore）提出了摩尔定律：集成电路上可容纳的元器件的数目，每隔 18～24 个月便会增加一倍，性能也将提升一倍。换言之，每一美元所能买到的电脑，其性能将每隔 18～24 个月翻一倍以上。这一定律揭示了信息技术进步的速度以及多数相关产品性价比提升的速度之快。随着更高性价比的产品每隔一年半到两年的推出，原有的产品将逐渐被淘汰。

在快速变化的时代，获取第一桶金的机会稍纵即逝，因此，合作赚钱是唯一的出路！

（一）获取第一桶金需要合作

随着时代的发展，合作对企业的发展，尤其对企业的转型升级越来越重要。马化腾和他的五人团队合伙创业的例子堪称商界团队合作的典范；华为、阿里巴巴、万科、碧桂园等著名企业纷纷导入“利益共享”为核心的合伙人制度，更是创造了许多商业奇迹……

在当今的社会，企业离不开合作。俗话说“独行快，众行远”“大河有水小河满，小河有水大河满”，面对时代变局、巨头争夺，创业者单打独斗是行不通的，只有通过合作，一个人的价值才能放大、才能保持得长久。一个人能够与多少人合作就能成就多大的事业，一家企业能与多少企业合作就能成就多大的平台。资源共享、风险共担、优势互补、携手合作，建立起利益、事业、命运共同体是企业发展唯一正确的选择。

创业离不开合作。没有完美的个人，只有完美的团队，同事之间、部门之间要合作，方能提高协同作战能力；与顾客、供应商、劳务等服务公司合作，方能共同完成一个创业项目，各取所需，共谋发展；与同行合作，对标交流，取长补短，资源共享，实现互利共赢；区域经营，以合作开路，方能跻身全国市场乃至海外市场。

事实充分证明，无论何时何地，只要存在竞争，谁都不可能孤军奋战，聪明的人会选择与他人包括竞争对手形成合作关系，借他人之力使自己生存下去并强大起来。因此，创业必须要培养合作精神，并使合作精神融入企业和每一个员工的血液，成为公司的文化基因。

合作精神包括“两个基础”“三个内涵”。

“两个基础”：一个是依法依规按程序办事，要有规则意识，这是一切工作的根本遵循。党纪国法、规章制度、标准规范、秩序流程是企业和所有员工必须坚守的底线。选择合作方时，要确保双方在这一点的认识上保持高度一致。另一个是要有契约精神和履约意识，核心是遵守诚信原则。合作双方必须要按照合同约定办事，言必信，行必果，做到诚实守信。创造相互信任、彼此信赖的营商环境是有效合作的重要条件。

“三个内涵”：一是要懂得并践行“舍得”之道，尤其是要先舍，有舍才有得，有付出才有回报，要把我们的优势展现出来，资源拿出来，不管是精神上的还是物质上的，要舍得多付出一些，让别人多赢一些。自己吃点亏，眼前看是成全了别人，长远看是成就了自己。二是要站在对方角度考虑问题，即换位思考，求大同存小异，要让合作方和我们打交道感觉很舒服。“己所不欲勿施于人”，彼此之间做到宽容理解才能使合作走得更远。三是要有互利共赢意识，要摒弃零和游戏、你输我赢的旧思维，而应树立双赢、共赢的新理念。合作双方在确保自身利益的同时，应以宽广的胸怀真诚地希望双方都能赢，能多赢。

习近平总书记在博鳌亚洲论坛 2015 年年会的主旨演讲中强调，只有合作共赢才能办大事、办好事、办长久之事。共建“一带一路”的倡议为世界各国发展提供了新机遇，也为中国的开放和发展开辟了新天地。合作意味着更多的机遇、更大的平台、更好的资源，国家层面尚如此，企业经营同样如此。“大鹏之动，非一羽之轻也；骐骥之速，非一足之力也”。时代呼唤合作精神，企业需要有合作精神的员工，我们要培养越来越多具有合作精神的人，聚众力、集众智，方能劈波斩浪、扬帆起航！

（二）合作与创业的资源整合

资源的种类有很多，有有形资源，也有无形资源；有物质资源，也有非物质资源。对于创业者来说，他们自身所具备的知识、社会关系网络、专长、组织领导能力、沟通能力、对市场和顾客需求的洞察能力等都可能成为创业成功的重要资源。只有合理地运用这些资源，创业者才能成功地整合到财力、人力和物力，进而为创业活动奠定基础。要成功地整合资源，创业者必须要有创新的思维，要兼顾各方利益相关者的利益，达到多赢、共赢的境界。

一般而言，要把一家企业创办成功，需要有这样几种资源：①能够生产出或提供适销对路的产品或服务的资源；②符合要求的销售渠道资源，包括市场销售渠道和关系销售渠道；③一定量的资金；④符合要求的企业管理资源，包括运营（生产、物流、产品开发等）、财务会计、人力资源、信息管理等；⑤一定的社会关系资源，包括政府关系、媒体关系、金融关系等。

多数创业者都是在资源贫乏，没有多少管理经验和行业经验的情况下开始创业的。许多拥有新奇想法的创业者筹不到资金，只能自力更生、艰苦创业。为此，他们想尽办法，通过多种手段、策略和方法，将不同的资源整合起来，为企业创造价值。

借力修天桥

在天津生活的人都知道国际商场。与国际商场相邻的南京路是一条十分繁忙的主干道，道路对面就是滨江道繁华的商业街。在国际商场刚开业时，门口并没有过街天桥，行人穿越南京路很不方便，也不安全。“应该修建天桥”，估计经过那里的人都会很自然地想到这一问题。但是，绝大多数人可能会觉得这座天桥应该由政府来修建，所以也只是想想或是发发牢骚。有一天，一名路过的年轻人同样也产生了这样的想法，但他没有认为这是政府该干的事情，而是立即找政府商量，提出自己出钱修建过街天桥，希望政府批准，前提是在修建好的天桥上挂广告牌。不花钱还让老百姓高兴，再说天桥也不注明谁出资修建，政府觉得他的主意不错，就批准了。年轻人拿到了政府的批文，随后立即找可口可乐等著名的大公司洽谈广告业务。在这么繁华的街道上立广告牌，对于公司来说当然是件好事情，就这样，年轻人从大公司那里拿到了广告的定金，用这笔钱修建了天桥还略有剩余。天桥修建好了，广告牌也挂上了，年轻人从大公司那里拿到余款，这就是他的“第一桶金”。

创业者在整合资源前，首先应盘点一下自己拥有的资源。看自己到底拥有什么样的资源，这些资源是否达到了创业的要求，也就是它们能否经受住市场的考验，比如你拥有渠道，此种渠道是否可靠；你拥有技术，依靠此种技术生产的产品是否更有竞争力；你拥有资金，资金是否够用；你会管理，管理水平到底如何；等等。

如果盘算之后你还没有把握，这就说明自身的创业条件还不够，还需要进一步的完善和提高。比如：进一步提高渠道的可靠性；进一步提高技术水平；积累更多的资金；等等。等到哪天你感觉“火候”到了，那就说明条件成熟了，再创业也不迟。在自身的资源条件具备了之后，就要选择恰当的整合模式，即选择最容易整合的模式并能保证拥有控制权。

在此之前，创业者要分析一下自身的创业模式。创业模式一般可分为以下几种：①渠道型，即创业者拥有一定的渠道；②技术型，即拥有生产或提供某种产品或服务的技术；③资金型，即创业者拥有一定量的资金；④运作型，即创业者虽然不拥有渠道、技术或资金，但亲友中拥有其中的一种或数种资源，且创业者能够利用这种资源，生成或整合其他资源，将事业运作起来，当然运作就需要管理，因此这种模式也可以称为运作管理型。依据创业模式的不同，资源整合模式也就相应地分为以下几种。

1. 渠道为主型

渠道为主型，也就是创业者拥有渠道资源。创业者如果掌握了销售渠道资源，自然就知道什么东西好卖并通过谁来卖。因此接下来面临的问题就是解决货源的问题。有两种解决方法：一是以采购或外包的方式；二是自己生产。如果是外包，由于大环境总体上是短缺经济，因此很好办；如果是自己生产，关键是要找到一个懂生产管理的人才，可以让其当副总，最好给些股份，这种类型很容易成功。

渠道为主型可再分为“渠道 + 资金型”“渠道 + 技术型”“渠道 + 运作管理型”。其中，“渠道 + 技术型”是最为精益的，“渠道 + 运作型”次之，“渠道 + 资金型”应是最后的选择。

2. 技术为主型

第二种容易成功的创业类型就是技术为主型，即创业者拥有一定的技术资源。创业者可以据此生产出市场需求的产品或服务，如设计师办工作室，或厨师开饭店。此种创业模式最需要组合的资源是渠道，需要与市场管理人员合作，最好是股份合作。

3. 资金为主型

创业者只拥有资金不太容易成功。因为出了钱，却不懂行，就会什么都不放心。结果是各种资源难以真正整合起来。在信用程度较高的美国，有钱的人一般只当股东，比如风险投资。

4. 运作管理型

运作管理型其实创业者自身并不拥有创业所需要的资源，但因为亲朋好友拥有创业所需要的资源。这时最需要整合的资源是资金，因此运作管理型的创业者最好与有一定经济条件的朋友一起创业。

（三）创业团队整合

尽管创业者个人对创业活动的成败起到了决定性的作用，但多数创业活动特别是高成长性的创业活动是由创业团队决定的。团队创业有助于创业的成功和新事业的发展。美国曾对开店成功率做过调查，结果显示，通过加盟体系开店成功者占 80%，独立开店成功者比例仅为 20%。究其原因主要是个人独立开店基本上是单打独斗，没有后盾，当遇到危机时没有经济支持，很容易垮掉。因此，创业初期若要完成资金的原始积累，必须也只能依赖创业者团队几个人共同的能力与资源。能力与资源的组合是否合适则至关重要，如果创业者团队缺乏一些重要的能力或者缺乏能弥补能力不足的资源，比如缺乏经销商资源，缺乏必要的经验，缺乏必要的后续资金支持能力等，这样的创业团队往往都很难取得成功。

1. 创建创业团队应坚持的原则

构建优秀的创业团队，需要坚持以下原则。

（1）坚持知识、技术、经验的互补性和创业动机相似性的统一。罗伯特·巴隆和斯科特·谢恩认为，为了获得创业成功，创业型企业必须获得丰富的和有价值的人力资源。在创业团队的组成上，既要选择那些在知识、技术和经验上与原来的创业团队具有互补性的合作创业者，又要注意他们在创业动机方面是否具有相似性。在创业动机一致的前提下，通过创业团队成员在知识、技能、经验等方面的组合变化，才能保证创业团队的稳定和创业的持续成功。

（2）利用认知性冲突与控制情感性冲突。创业团队不同成员之间的互动关系相当复杂，主要表现在两个方面：一是工作层面的互动，二是人际关系之间的互动。工作层面的互动更多的是针对创业机会的识别、创业风险的评估、创业方案的选择与实施等，创业团队对不同成员在这一层面上持有的不同见解应当鼓励和支持。在本质上，这种冲突属于认知性冲突的范围。同时，基于人际关系的互动，这种冲突虽然也部分地由认知性冲突转化而来，但更多的时候是由人的性格的非兼容性造成的，这种人际间的情感冲突具有破坏性，需要避免。

（3）创业团队成员个体与创业团队集体之间的协调。不同的创业团队的成员具有不同的人力资本，每一位创业团队成员个体的自我评估内容包括知识基础、专业技能、动机、承诺和个人特性。其中，与工作绩效直接相关的“个人特性”包括尽责性、外向性 / 内向性、友好性、情绪稳定性、经历开放性。这五个维度很难由自己进行评价，必须通过其他人评价，才能得到关于创业团队成员个体的完整印象。

如果创业团队成员普遍缺乏一种社会身份的心理作用机制，以及接受创业团队规范的自觉行为，那么，创业团队内必然会人心涣散。当创业团队不能带给成员任何积极的自我评价时，创业团队成员个体将会离开团队或与团队保持距离，结果可能导致创业团队解体或损害创业团队的整体利益。

2. 创业团队的创建

约翰·马林斯通过研究认为衡量创业团队的标准是：①机会是否符合团队的使命、个人志向和冒险倾向；②团队能否在特定的机会上发挥最佳表现，也就是说团队有无执行的能力；③团队是否与价值链内外建立起了很好的关系网络，是否能够及时地注意到机会或者在条件允许的情况下改变方向。

满怀激情是创业团队创业的基础。除了有创业的冲动外，创业团队还必须具备相应的技能，包括生产、技术、营销、财务、人事等，这些都需要一定的社会背景与经历才能获得。

（1）团队形成。企业成立之初，一般由同学、校友、同事、朋友或同乡合伙组成团队。随着企业的成长，团队成员的构成逐渐改变。团队成员的去留，主要取决于其是否认同核心领导者对企业发展制定的目标及企业价值观。创业团队成员必须具备共同的愿景、理念和价值观，才能促进企业发展。因此，创业者必须要有足够的人格魅力才能吸引优秀人才组成创业团队。

对于团队成员，应该选择什么样的未来团队成员——性格互补者还是相似者？巴隆和谢恩认为，这主要取决于人们所考虑的维度。一方面，团队成员在知识、技术和经验方面的互补性非常重要，为了取得成功，创业型企业必须拥有丰富的和有价值的人力资源，创业者选择在知识和经验上与其互补的合作者对于实现这一重要目标非常有用；另一方面，性格相似也是有利的，它可以增加沟通的便利性并有助于团队形成良好的人际关系，动机方面的相似性也非常重要，如果创业型企业的合作创业者具有明显相反的动机或目标，那么他们之间的冲突肯定会出现。因此，两位学者提出了一种平衡方法，即在知识、技能和经验方面主要关注互补性，而在个人特征和动机方面则考虑相似性。这样做可以在获得创业型企业所需的广泛的人力资源。与营造一个良好的让创业团队所有成员能够努力工作从而将愿景变为现实的工作环境之间，建立起一个良好的平衡。

（2）吸引人才。吸引优秀的人才并设法留住，是创业者创业成功的一个重要因素。要把员工当成朋友看，对员工的照顾与关怀、工作环境的塑造、对专业的尊重、让员工能够在自己的岗位上有所发挥，都是努力留住优秀人才的重要方法。一般可以采取用优秀人才吸引优秀人才，即利用团队中的优秀人才影响后续团队成员的方法来招募新人才。为此，企业对员工要做到尊重与分享，尊重员工的专长，与员工分享成功，给员工最好的待遇与空间，让他们能充分展示自己的才华；企业要制定公开透明的制度，使公司内外的人员都能够对公司的运作有所了解，从而建立起团队互信的基石。

创业型企业在吸引人才方面面临着严重阻碍。作为一家新公司，外面的人才对它相对不了解，而且，创业型企业也不像已发展起来的公司那样制度完善、结构合理。因此，在人力资源市场上创业型企业挑选人才具有很大的劣势。创业型企业要克服这些困难，很大程度上需要通过社会网络，即雇用通过私人关系推荐的人。这样做对创业型企业有很多好处：第一，创业者通过雇用他们所认识的人，能够很快地获得所需要的人才，且不必花费长时间和高成本招募；第二，创业者由于直接或间接地认识他们所雇用的人，也容易确保这些个体所追寻机会的价值；第三，与新员工拥有直接或间接的关系，一定程度上可以使他们的工作更加轻松，也在一定程度上使组织结构变革更加容易。

（3）团队精神。团队精神至关重要，一个创意从策划、执行到最后成功，需要许多合作伙伴，经历很多环节，非个人所能做到。创业者要拥有理想、激情和领导才华，要具有使团队创造出比独立个体更高价值的能力；创业者要为企业设立一个具有挑战性但又可行的远景目标；同时要能凝聚和激励多个杰出的、承担主要责任的团队。因此，培养团队精神非常重要。当今的社会只有团队，没有个人英雄。只有发挥好员工之间的协作精神，才能使企业得到更好的发展。

（4）整合能力。能否在各种机会中把握最恰当的机会，以及能否合理利用资源，很大程度上取决于团队整合能力的强弱。由于团队中不同成员具备的能力各有特色、掌握的资源各有千秋，因此发挥团队力量，可以较容易地整合包括技术、网络、客户关系等创业资源。因此，为实现资源的最充分利用，创业团队必须不断提高创新和整合能力，以适应动态变化的、环境复杂的竞争形势。

（5）解决冲突的技巧与能力。尽管信任能够减少情感冲突的发生，但不能杜绝。这意味着人们不得不解决某些不可避免的冲突。笔者建议掌握以下几种解决发生冲突的技巧和能力，有利于团队成员接受并满足各自的基本需求。

①避免使用零和策略（某一方试图使自己的收益最大化）。比如：a. 提出一个极端的初始报价——提议的一方极其赞成，这会使这一极端报价的接受者处

于劣势，进而产生气愤和怨恨的情绪；b.“巨大谎言”的技巧——试图使对方相信自己的盈亏平衡点远远高于报价，在其他情况下会报更高的价；c.对方确信你有“退路”——如果双方不能达成交易，你能找到其他人并得到更好的条件。这些类似的策略就像是火上浇油，会对减少情感冲突的强度产生反作用。

②发现真正的问题。许多情感冲突不是由于利益分歧，而是包含社会和认知因素（宿怨、对他人的行为进行错误归因）。减少情感冲突的一个技巧是识别行为的真正目的。这虽然需要付出大量的努力，但最终会节省很多时间和麻烦。

③拓宽所考虑问题的范围。谈判双方通常会在许多问题上进行磋商，这意味着互惠的让步是可行的，一方在一项或多项问题上作出让步，而另一方在其他问题上作出让步。例如，如果创业者与未来的员工谈判，一般会涉及以下几个方面：薪水、股票期权、额外津贴、工作时间等。创业者可能会发现在股票期权和工作时间方面比在薪水或额外津贴方面更容易达成一致，而应聘者希望放弃这些利益以获得其他利益，

这就是人们通常所说的各取所需。

总的来说，创业型企业最好避免情感冲突，因为这种冲突潜在的成本太高。在情感冲突发生前，精明的创业者会及时发现问题，并采取一些措施消除它，防止冲突给他们为之付出辛勤劳动的事业造成无法挽回的损失。

3. 创业团队的维持与发展

（1）在创业团队中建立强有力的工作关系。创业型企业要获得成功，建议创业团队的成员注意以下三个方面。

①清楚角色定位。许多团队发生冲突往往是由职责与权限的不确定所导致的，即谁对什么事负责（职责），或者谁有做决策和从若干执行方案中进行选择的权力（权限）。避免这一问题发生的有效方法，就是对角色，即处在团队中特定位置的人被期望应表现出的一系列行为，以及对他们能行使的权力或权限进行清楚的界定。清晰的角色定位会促进创业团队的协调和工作的顺畅。

②做到公平公正。由于自利性偏见（也包括其他

因素），几乎所有人都倾向于认为自己获得的少于应得的。当人们感觉报酬的分配不公平时，他们会要求获得更多的利益。但由于其他人并不认为这种要求是合理的，因此就可能产生冲突。结果是团队成员或者减少自己的努力或者推卸责任。这种做法对创业型企业的发展极具破坏性。还有一种表现形式为退出，即团队成员离开创业型企业，带走他们的经验、知识和技能，以致危及企业的生存。因此，要十分小心地对待公平感知问题。这需要创业者定期讨论这一问题，以保证团队成员随着角色、责任以及对企业所做贡献的变化，对其股份、职位以及其他报酬做调整以反映这些变化。

③有效沟通。沟通不畅也会导致不公平感的产生。实践中，创业者常常以一种让对方生气或恼怒的方式进行沟通。这是一种不恰当的反馈形式，属于消极反馈。当然，这种消极反馈产生的环境是非正式的。研究表明，这种反馈可以采取两种截然不同的形式：建设性批评，旨在帮助对方改进；破坏性批评，被视为一种敌意或攻击。建设性批评会考虑对方的心理感受，

不包含威胁、及时（在适当的时间发生）、不把责任归咎于对方、内容明确，并提供具体的改进意见；与之相反，破坏性批评则是刺耳的，包含威胁、不够及时、把消极结果归咎于对方、内容不明确、没有提供具体的改进意见。破坏性批评具有破坏性，它会让对方产生强烈的消极反应，并形成愤怒、报复的欲望，引起双方冲突，并恶性循环。因此，创业者在建立和维持有效的工作关系中，与团队成员之间的有效沟通是一个必要的组成部分，在团队成员之间尽量努力实现良好的建设性沟通是十分必要的。

（2）扩充创业型企业的人力资源。任何创业型企业的创业者团队都是其人力资源的一个关键组成部分。一流的创业团队能够带来大量的知识、经验、技能和对公司的承诺。同时，创业团队规模越大，团队成员的经验越是丰富，创业型企业成功的可能性就越高，存活下来的概率就越大，其成长也就越快。但是，无论多么优秀的创业团队，也不可能提供企业所有必需的资源和所有有用的信息，企业仍需要公司外部专家如律师、会计或工程师的服务。

（四）创业圈子建设

“圈子”也就是人所属的社会群落。一个人的家庭背景、工作经历、学习经历以及社会交往，都会对其所属的“圈子”产生影响并加以界定。一个人的“圈子”就是一个人的“社会资本”。“社会资本”的概念最初由经济学的“资本”演变而来，其内涵是基于信任、制度、规则、传统惯例、习俗或投资于社会关系的人与人、人与组织、组织与组织之间的网络关系，并可以为个人或组织的生存和发展提供动力或方便。

如果一个人在创业时能拥有广泛而良好的“圈子”（社会关系），那么在其创业时就会事半功倍。反过来说，假如一个人在创业之前没有储备良好的社会关系，那么，他在创业的时候就会比别人付出更多的努力，甚至会出现许多猝不及防的社会势力与他作对，阻碍他的创业步伐，让他无论干什么事都变得很艰难。

所以，“圈子”对于所有创业者都很重要。你是什么“圈子”里的人，基本上决定了你能做什么事、创什么业。很多创业者最初的创业想法就是在朋友的启发下产生的，或干脆就是由朋友直接提出的。所以，这些人在创业成功后，都会更加积极地保持与从前的朋友间的联系，并且广交天下友，不断地扩大自己的社交圈子。

青岛金王集团创始人陈索斌的创业点子，就来自一次在他朋友家中的闲谈。昆明新晟源商贸有限公司（昆明知名汽车配件公司）老板何新源至今仍保持着和朋友在茶楼喝茶谈天的爱好，何新源称其为“头脑风暴”。这样的头脑风暴使他能够不断地有新思路、新点子，生意越做越大、越做越好。都说广东人是天生的生意人，你注意一下，广东人里面有几个是不好泡茶楼的？泡茶楼，喝茶是一方面，交朋友谈生意是更重要的一方面。

所以说企业圈子非常关键，你的“圈子”决定你的人生和命运。笔者建议创业圈子的建设主要有以下四种方式。

1. 充分利用同学资源

当今社会上同学会很盛行，仅北京大学各种各样的同学会就不下几十个，据说其中有一个由金融投资家进修班学员组成的同学会仅有200余人，但他们控制的资金却高达1200亿元，殊为惊人。

许多成功者的身后都可以看到同学的身影，有少年时代的同学，有大学时代的同学，更有各种成人班如进修班、研修班上的同学。赫赫有名的中国著名企业家南存辉和胡成中就是小学和中学时的同学，一个是班长，一个是体育委员，后来两人合伙创业，在企业做大以后才分了家，分别成立正泰集团和德力西集团。

同学之间因为接触密切，彼此比较了解，同时因为年少时彼此很少存在利害冲突，所以友谊一般都较可靠、纯洁。对于创业者来说，充分利用同学资源是值得珍惜的最重要的外部资源之一。

2. 充分利用老乡资源

创业者与老乡拥有共同的人文地理背景，双方交流有一种天然的亲近感。在很长一段时间内，中国几乎所有商业繁盛之地，最惹眼、最气派的建筑不是徽商会馆就是晋商会馆。会馆者，老乡交游约会之馆也。

如今，一个人要外出创业，比如一个湖南人要到深圳创业，或者一个福建人要到纽约创业，老乡众多仍然是有利条件之一。

3. 充分利用职业关系

除了同学、老乡，对创业者来说最重要的是职业资源。何新源在创办新晟源汽配公司之前，就在省供销社从事相关工作，因此建立了职业关系网络；宝供物流创始人刘武原来也是汕头供销社的一名“社员”，被单位派到广州火车站从事货物转运工作的刘武抓住机会承包了转运站，利用工作中建立的各种关系，不久又创立了宝供物流，后来通过为宝洁公司做物流配送商，一举成为国内重要的物流企业之一。

4. 多与社会名流建立关系

社会名流都是社会上有影响力的人，这些人社交圈子广，社会关系复杂，办起事来容易，若能与这些人建立良好的个人关系，那么就无异于为创业插上了翅膀。所以，能与这些人交往自然是一件很有益的事。但这些名流往往都有他们固定的交际圈，一般人很难进入他们的圈子里，但只要想办法这并非没有可能。

06 获取第一桶金的关键

转危为机

创业第一桶金

卖一件精品比卖十件地摊货要赚得多。在买方市场的情况下，企业都处在竞争环境中。人的时间和精力是有限的，只有心无旁骛，舍掉不该做的，才能聚精会神，才能出精品，也才能赚得多。有舍才有得，因此，获取第一桶金的关键是舍得。

舍得，即愿意付出，不吝惜，最早出自《易经》。《警世通言·金令史美婢酬秀童》曰："假如今日有个人缉访得贼人真信，来报你时，你还舍得二十两银子么？"舍得不是舍与得之间的日常计较，而是一种人生智慧和态度，是一种对已得和可得的东西进行决断的情怀和智慧，也是一种雅俗共赏，启迪心智的生活情趣。舍得既是一种处世的哲学，也是一种做人做事的艺术。

舍与得就如同水与火、天与地、阴与阳一样，是既对立又统一的矛盾概念。二者相生相克，相辅相成，存于天地，存于人世，存于心间，存于微妙的细节，囊括了万物运行的所有机理。万事万物均在舍得之中，才能达到和谐与统一。

一个人若真正把握了舍与得的机理和尺度，便等于把握了人生的钥匙和成功的机遇。要知道，百年的人生，也不过就是一舍一得的重复。人生多少智慧，尽在舍得之间。舍，古人写作“捨”，即用手拿东西给人。得，即得到。当“舍得”二字组合在一起的时候，古人创造的这两个微妙平等的汉字暗示我们：舍，在得之前，先舍才能得。从那时起，它就成为一种精神、一种智慧、一种境界。

舍就是得，得就是舍。几千年来，舍与得在我们琐碎的日常生活中，演绎出诸多成功和失败的故事。一代才子李叔同舍去世间财富和功名利禄成就了弘一法师；无数英烈舍去鲜血和生命托起中华人民共和国的今天。

舍得，得舍，不舍何得？很多人在绝境前才肯舍得某些东西，因为这些东西珍贵。然而这些东西的主人认为最珍贵的东西，在别人看来可能一文不值。所以说，舍得是不能用物质来衡量的。人这一辈子只有两个时候最轻松：出生时和死亡时，“赤条条来去无牵挂”。地位是临时的，荣誉是过去的，金钱是身外的，心情才是自己的。古人有云：“命里有时终须有，命里无时莫强求。”说的是随遇而安，顺其自然。

生活中最美丽的风景总是在远方，但并不是每个人都有那么好的运气和机遇可以获得。凡事没有绝对完美的，该放弃的时候就应该果断放弃。《红楼梦》中有副对联：“身后有余忘缩手，眼前无路想回头。”意思是眼前没路了，你就回来吧，为什么还要舍不得放不下呢？别什么都舍不得，看见天上的月亮就想摘下来，可没有那么高的梯子。当一个人真正懂得了“舍得”二字的深刻内涵，多数是经历了人生的大起大落，也就不会于红尘中看重名利。

鸣蝉舍弃了外壳，因而能自由高歌；壁虎舍弃了尾巴，因而能在危难之中保全生命；雄蜘蛛舍命求爱，因而得以繁衍后代。自然界弱小的动物以其智慧告诉我们：能舍，才能得。所以说，舍得是一种精神，是一种领悟，是一种智慧。不同年龄段的人要有不同的取舍，舍得就是要“舍迷入悟、舍小获大、舍妄归真、舍虚由实”，如果能把自己心中的偏执、挂碍、烦恼、悲伤和迷茫都舍去，就能体会到轻松和快乐。

贾平凹在《舍得》一文中写道：“会活的人，或者说取得成功的人，其实是懂得了两个字：舍得。不舍不得，小舍小得，大舍大得。”贾平凹先生的人生态度影响了很多平凡如我者，要时常告诫自己：当好人、做好事，终有好报。生命过往匆匆，总在舍与得之间徘徊，生不带来，死不带去，一切都有规律，都应顺其自然。坦然对待生活中的拥有与失去，凡事看得淡泊一点，会让自己的生活过得轻松愉快。

看淡生活，心平气和。人生就像徐志摩诗里的一句话：“得之，我幸；不得，我命。”创业亦如此而已。[1]

---

① 资料来源：此篇文章来自“百了无恨”发表于360.doc个人图书馆的一篇文章《人生智慧，尽在舍得》，作者有删减和修改。

07 获取第一桶金的时机选择*

* 本部分引用了吕建中等著《精益人生管理》（经济科学出版社 2007 年版）一书的部分内容。

转危
为机

业第一桶金

选择恰当的时机创业。

创业时机的选择就是寻找在什么时候创业最能够成功。创业时机的选择要考虑两个方面：一是创业者是否成熟，即创业时创业者的性格和能力是否已达到了创业的要求；二是什么时间创业最容易成功。第一个方面将在下一章详细讨论。本章只讨论在什么时候创业最容易成功。

万事俱备，只欠东风

公元208年，曹操率领80万大军驻扎在长江中游的赤壁（今湖北省赤壁市西北），企图打败刘备以后再攻打孙权的地盘。刘备采用联吴抗曹之策，与吴军共同抵抗曹操的大军。

当时，孙权和刘备兵力都很少，而曹操兵多将广，处于压倒性优势。刘备的军师诸葛亮和孙权的大将周瑜一同商讨破敌良策，两人不谋而合，都主张只有火攻，才能打败曹操。

可等一切都准备好后，周瑜却发现曹操的船只都停在长江的西北岸，而自己的船只靠南岸。这时正是冬季，只刮西北风，如果用火攻，不但烧不着曹操，反而会烧到自己的船，只有刮东南风才能对曹军发起火攻。周瑜眼看火攻不能实现便急得病倒在床。诸葛亮去探望周瑜，问他为何得病。周瑜不愿说出实情，就说："人有旦夕祸福，怎能保住不得病呢？"

诸葛亮早猜透了他的心事，就笑着说："天有不测风云，人怎能预料到呢？"周瑜听到诸葛亮话中有话，就问有没有治病的良药。诸葛亮写了16个字，递给周瑜。这16个字是：欲破曹公，宜用火攻；万事俱备，只欠东风。

周瑜一看，大吃一惊，心想：诸葛亮真是神人啊。他的心思既然已被诸葛亮猜中，便请教破敌之策。诸葛亮有丰富的天文气象知识，他预测到近期肯定会刮几天东南风，就对周瑜说："我有呼风唤雨的法术，借给你三天三夜的东南大风，你看怎样？"周瑜高兴地说："不要说三天三夜，只刮一夜东南大风，大事便成功了。"

周瑜命令部下做好一切火攻的准备，等诸葛亮借来东风，马上进攻。诸葛亮让周瑜在南屏山修筑七星坛，然后登坛烧香，口中念念有词，装作呼风唤雨的样子。

半夜三更，忽听风响旗动，周瑜急忙走出军帐查看，真的刮起了东南大风，他连忙下令发起火攻。

黄盖率领火船向曹操水寨急驶，当火船靠近曹军水寨时，一声令下，士兵们顺风放火。风助火势，火借风威，很快把曹营的战船烧得一干二净，岸上的营寨也被烧着，曹营的兵马损失不计其数。在烟火弥漫中，曹操仓皇逃命，从小道退回许昌。

创业早了，时机不成熟，资金、人力可能支撑不到事业成功的那一天。创业晚了，机会就被别人抢走了。别人创业占了先机，在市场中就会被当作“正宗”，获得很好的社会效应，而自己则会在竞争中处于弱势。

要想找准创业的时机，主要是要把握外部环境，这可以从宏观形势、行业发展周期以及竞争程度来看。由于当前我国的宏观形势非常适合创业，这里就不再赘述，主要讨论从行业发展周期和竞争程度两个方面来看创业时机。

（一）从行业发展周期来看创业时机

行业可以分为集中性行业和分散性行业。集中性行业是指资本、技术密集的行业，也就是行业中的几个大企业占有了该行业绝大多数的资本和技术，比如电视机、冰箱、汽车、飞机等制造行业。分散性行业是指在该行业中无法形成占有很大市场份额的企业，比如餐饮业，即使肯德基在中国拥有超过 5000 家连锁店，其占餐饮业的比重也是微不足道的。因此该种行业无法实现资本和技术的绝对集中。

集中性行业的发展可以分为四个阶段，如下图所示。

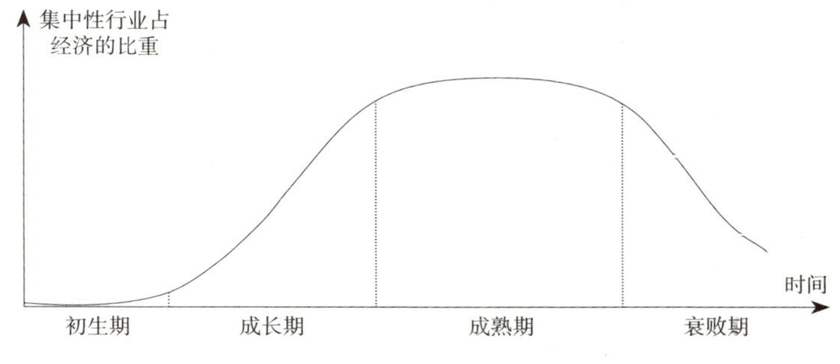

集中性行业发展阶段

1. 行业初生期的创业

初生期，也就是这个行业刚刚产生时期，除了该行业的一些专业人员外，大众都不知道。从上图中可以看出，初生期的行业增长非常缓慢，企业几乎都是投入大于产出，是亏损的。由于行业在该阶段一是亏损，二是行业发展前景未知，其实许多新产品在初生期就“死掉”了，只是大家不知道而已。这时进入该行业的企业都是敢第一个吃“螃蟹”的胆子很大的开拓者。当然如果该行业一旦被新潮的消费者所接受，就会引发消费潮流，成为一种时尚，产品的需求会呈现快速增长的趋势，行业也进入了第二发展阶段——成长期。

初生期的前段是不适合创业的，因为此时产品和技术还不成熟，如果贸然创业则风险很大。这时应和他人合作，在他人的领跑下，观察行业的发展。在初生期的后段，随着产品和技术的不断完善和稳定，如果市场反响好，就可以考虑创业了。这时竞争对手少，比较容易成功。

雅虎的创业时机

1994 年，杨致远和大卫·费罗在斯坦福大学校园里建立起了一间小的活动房，这期间，他们迷上了互联网，也因此改变了命运。每天，他们花数小时泡在网上，分别将自己喜欢的信息链接在一起，包括各种信息，如科研项目、网球比赛介绍等。雅虎（Yahoo！）就从这里发展起来。一开始，他们各自独立地建立自己的网页，只是偶尔对彼此的内容感兴趣才互相参考，渐渐地他们链接的信息范围越来越广，他们的网页也就连在了一起，统称为“杰里和大卫的万维网向导”（杰里是杨致远的英文名）。他们共享这一资源。

这个网络“向导”规模迅速扩大，分类越来越细，很快知道他们的网址的人都开始使用。世界各地的自由用户在浏览了他们的网页后，也常常反馈回来一些有用的信息，这大大帮助了他们了解哪些信息是有用的、受欢迎的。这种状况持续到1994年冬天。他们对“向导”的连续高速发展有些担心，因编辑工作占用了他们大量时间，他们寝食亦不得安宁。一想到“正经事”——攻读博士学位，他们更觉烦恼。但最终他们作出了选择：暂时放弃学业，专心建设搜索引擎。

当时网上已存在一些同类搜索引擎，如Lycos和InfoSeek也能对所输入的关键词进行网络搜索，最后反馈一个详细清单。但与雅虎相比，这些索引式搜索工具过于机械化，雅虎则建立在“手工”分类编辑信息的基础之上，相对而言更具智能性、更实用，用简单的算法是无法复制雅虎的功能的。这当然不是说“索引式搜索”没有意义，雅虎也包含索引式搜索，只是不限于此，它把信息组织得更规范而已。雅虎搜索引擎采取分层组织信息的方式，更适合于科学研究人员方便查找自己所需的信息。比如考古科学家和天文学家都可以很快地搜索到自己专业上的话题及动态信息，而且一般不会有重大的遗漏，这一点是其他搜索引擎无法比拟的。

采取分层组织信息的搜索引擎当时也不止雅虎一家，如“万维网虚拟图书馆”，但到 1994 年年底，雅虎很快就成了业界领袖。杨致远和费罗一方面累得苦不堪言，另一方面也为他们突如其来的成功欣喜若狂。他们发现历史赋予的难得机会终于到来了：网景（Netscape）公司的导航器测试版刚刚发行，HotWired 也开通了网络广告站点，通过网络赚钱的时机开始成熟。第一个找上门的公司是路透社，它是一家总部设在伦敦的当时产值达 50 亿美元的老牌新闻及金融信息公司。

虽然路透社在美国名气还不算大，比不上美联社，但在世界上它的影响力很大，它经营新闻业务已有100多年的历史。路透社市场部副主任泰森一次外出时在一家地方报纸上读到有关雅虎的消息，并产生了兴趣，之后也经常光顾雅虎网站。泰森迅速认识到雅虎拉近了人们之间的距离，架起了用户与其欲寻找的信息之间的联系，路透社可以利用它扩大通讯社的影响。杨致远对泰森说："如果你们不找我们，我们可能也要找你们。雅虎不仅是一个目录，还是一种媒体资产。"

路透社与雅虎成为朋友，但不是伙伴，合作过程中雅虎并未获太多利。聪明的杨致远认识到，雅虎必须制订一个周密的商业计划，通过广告盈利。杨致远找到正在哈佛商学院读书的老同学布拉狄，他们参考HotWired公司通过发布广告盈利的经验，迅速起草了一份商业计划书。带着这份计划书，他们到处寻找风险投资者。

杨致远找到了红杉（Sequoia）资本公司。红杉是硅谷最负盛名的风险投资公司，曾向苹果（曾引导过个人计算机革命）、Atari（雅达利，视频游戏工业的领袖）、Cisco（思科）系统（网络硬件商）等公司投资。但红杉资本公司的莫里兹（Mike Moritz）起初有些犹豫，因为雅虎实在太与众不同了，与网景公司的情况还不一样，雅虎本身只是在网上提供服务，而且是免费的，其商业潜力在哪里呢？最终，杨致远和费罗说服了莫里兹，使他确实感觉到“这几个小子的确有眼力，抢先占据了网上的有利位置，如果发展顺利，其谋略优势十分明显”。1995 年 4 月，红杉资本公司向雅虎投资了 400 万美元。

随后杨致远又与 MCI（世通公司）、微

软等企业谈判，但只得到网景公司的资助。网景导航器的“因特网目录”按钮提供了与雅虎的直接链接（持续了一年），这大大提高了雅虎的知名度，从此雅虎成为多数上网用户打开浏览器时的默认网址。①

2. 行业成长期的创业

行业成长期可以分为成长前期和成长后期。在成长前期，消费增长十分迅速，但由于行业内只有那几家大企业，整个市场的产品供应能力不足，供不应求，因此产品价格高，企业利润丰厚，资本回报率很高。此时行业中的几家优秀企业业绩会呈现爆炸式增长，积累了大量的财富，并成长为未来该行业中的巨头。在此行业优秀企业中工作的人，自然会与企业分享成功并获得财富。由于丰厚的利润吸引了大量的加

① 资料来源：杨致远和雅虎的故事，《中华读书报》，2004 年 4 月 7 日。

入者投资建厂、增加供给，随着行业产能的不断增加，该行业就逐渐步入了总量供大于求的成长后期。

因此在成长前期是非常适合创业的，此时面对的是一个供小于求的市场，创业成功相对容易。

搜狐张朝阳的创业时机

1995 年 7 月，张朝阳突然有了回国创业的念头，美国随处可见的硅谷式创业更是激起了他的热情。他清楚地认识到互联网经济惊人的商业和社会价值，于是下定了创业的决心。张朝阳联系到了 ISI（科学信息研究所），想做 China Online（中国在线），用互联网收集和发布中国经济信息，为在美国的中国人或者对中国感兴趣的人服务。ISI 总裁当时和张朝阳的想法相近，两人一拍即合，于是张朝阳融资 100 万美元，于 1995 年年底以 ISI

驻中国首席代表的身份，开始用互联网在中国收集和发布经济信息，为华尔街服务。

在ISI的经历使得张朝阳觉得中国互联网的市场潜力巨大。1997年年底，融资得来的钱已所剩无几，快到了连工资都开不出来的地步。迫不得已，张朝阳向他的投资人发出了紧急求救，三位投资者再次为张朝阳提供了10万美元的过桥贷款。1998年2月，张朝阳正式推出了第一家全中文的网上搜索引擎——搜狐（SOHU）。①

在成长后期，行业还处于高速发展之中，但由于市场总量供大于求，企业为了争夺顾客就不断降价，以价格战来销售更多的产品。此时产业利润大大降低，有些规模小的企业就亏损了，逐步被兼并甚至破产。

① 资料来源："张朝阳"词条，MBA智库·百科。

因此在成长后期，产业竞争非常激烈，尤其是价格战会使许多企业破产倒闭。能存活下来的企业一般都会成长为大型企业。

举个例子，我国电视机行业在成长后期就存在激烈竞争，此时若针对行业中的整体产品（如电视机整机）的创业已不适合了，因为价格战，将导致企业利润大幅减少。但是这时可以针对该行业的零部件生产或技术服务进行创业，因为随着该行业整体产品生产企业的激烈竞争，它们要提高竞争力，必然要将一些零部件生产或技术服务外包，这就相应地产生了创业机会。

3. 行业成熟期的创业

在成长后期的价格战结束之后，行业便会进入成熟期，也就是行业增长较为平缓的阶段。在该阶段，市场增长较为平缓，活下来的企业数量也有限，竞争过度对谁都没有好处，因此行业中的巨头都会尽量避免恶性竞争。但由于价格已在成长后期的价格战中大幅下降，企业的利润率已十分低了。这时的企业主要是靠规模经济和提高管理水平来增加利润。

此时围绕整体产品生产的创业几乎已经没有机会

了，创业的重点还是针对零部件生产和技术服务。

4. 行业衰败期的创业

行业衰败期也就是市场的需求逐渐减少的阶段，原因是在行业成熟期之后，大多数消费者已购买了产品，要买的人会越来越少。此时，行业中的一些大型企业开始转行从事其他产业的生产。比如丰田公司，其实它最早是一家生产纺织设备的企业，只不过由于纺织业在日本衰败，它成功转向了汽车行业。

在衰败期，不管是整体产品，还是零部件生产和技术服务，创业的机会都很少了，因为行业内的利润非常小了，几乎不具有投资价值。

（二）从竞争度来看

如果说集中性行业从产业发展阶段来看创业的时机选择，那么分散性行业就要从行业竞争度来看创业时机的把握。比如餐饮业，主要是看地点，如果在某个商圈范围内，要创办的餐饮品种竞争程度低，就是创业的时机。

卖兰花

有一天冯光贵去菜市场买菜，看很多人在选兰花。人散去后，地上有遗弃的花禾蔸，他就捡起来拿回家种上了。他也没把花当回事，只是想起来了就照看一下。兰花就那么一天一天地长高了，花开得很漂亮。他没想到，一位邻居想花200元买这盆花，他也就卖给他了，凭空赚得200元，他心里喜滋滋的。

从那以后，他就开始留意花卉市场，他发现本地的兰花不仅品种多，价格也不高，因此吸引了一些外地人。琢磨了个把月，他向妻子要了600元，骑自行车去乡下花农处买了几十株兰花。那个时候他一点不懂兰花，也不知道什么品种、花色，就捡便宜的买，差不多都是10元一株，但一定要好看。

他把兰花小心地放在大纸箱里，一个人乘长途汽车去了重庆。因为他听人说重庆的花价比较高，所以他要去那里碰碰运气。兰花三天就卖完了，他算了下竟然赚了600元！

他其实是在冒险，如果运输途中花被挤压坏了怎么办？到重庆花卖不掉怎么办？他没有想那么多，无知者无畏。事实上，他不仅赚了钱，还建立起了第一批销售网络。一个月后，他又去了趟重庆，又赚了600元。

后来，他发现一些重庆花商在大批进货，这样下去，利润会越来越少，只有自己种花苗，才能稳稳当当赚钱。于是，他用1200元收购了花苗，还是10元一株的普通种。

春天到来的时候，兰花的价格开始飙升，慢慢地全都升到三四十元一株。他把家里200株兰花陆续脱手，赚了六七千元。这样一年下来，投入600元，竟然赚了上万元。

经验丰富以后，他发现原来的只拣便宜货不是办法，于是买了若干书籍开始自学，确定了兰花种植差异化、精品化的路子。那时他已是老练的花商了。渐渐地，他养了许多千元以上的名贵品种。

这条精品路线他算是走对了，名声远扬，全国各地的花商都找他买花。[1]

---

① 资料来源：侯昌宗，老冯的“窗台经济”，《大众商务》，2003年第6期。作者有删减和修改。

08 获取第一桶金的来源*

* 本部分引用了吕建中等著《精益人生管理》（经济科学出版社 2007 年版）一书的部分内容。

转危为机

创业第一桶金

经有关机构调研显示：

（1）在懂行或熟知的业务中，创业者获取第一桶金的成功率是89.2%，其中，如果所从事的行业与原来的相同，成功率是94.4%；如果是密切相关的行业，成功率是77.8%；如果还专门去学习了相关行业知识，成功率几乎达到了100%。

（2）亲友在某些领域有一定的资源可供利用，如技术、市场、关系等，则创业者获取第一桶金的成功率是83.3%。

（3）通过调查发现后获取第一桶金，总的成功率是61.1%，经深思熟虑之后创业的成功率是92.5%。

从以上数据可以看出，第一，在熟知的行业中创业，成功率最高，尤其是在经过培训和学习后创业成功率几乎达到了100%。一个厨师创业自然是开饭店；一名学机械制造专业的大学生，毕业干了几年机械专业的工作后要创业，自然应选择机械行业。第二，通过亲友提供的机会来创业，成功率较高。第三，通过认真调查研究某行业后的创业成功率也很高。

总的来说，“熟”能成功，在懂行或熟知的业务中创业，是“熟”；利用亲友提供的机会，也是“熟”；认真调查研究，还是“熟”。因此成功创业的关键是“不熟不做”。

要想创业成功，一开始就要选择恰当的事业，即“熟”的事业，否则，失败的概率就大。

（一）在熟知的行业中创业的案例

曾宪梓的成功创业

1963年，曾宪梓到泰国帮哥哥采购领带，常往返于泰国、香港两地，由此进入了领带行业。四年后，他决定带家人回香港。当时他仅有10000港元，4000港元用于安家，剩下的6000港元则用来创业。

当时，香港本地的领带都是家庭手工作

坊制作，属于地摊货，卖不了高价，进不了大商场。他了解了行情之后，相信经营领带生意养活一家人是没有问题的，就开始倒卖他从泰国带过来的金狮牌领带。一年下来，他除了维持家人的生活，手头仍然没有余钱。他不甘心，仍然四处寻找出路。

那时香港的高档领带都是进口货，本地领带不受重视。他看准了这个机会，摸索本地化高档领带路子。历经一年摸索和艰苦的劳动，他把本地产领带品牌“金利来”成功地打入高档商场。

一位33岁女士创业失败的故事

2002年，她的投资全军覆没。先是年初看朋友炒股炒得火热，便也投入10万元到股市，“割肉”40000元后仓皇而逃。秋风时节，她又花40000元开了加盟连锁店，因为总店售后服务极差，最终挥泪而止。她从中悟出一个道理：“在投资的时候，千万不能听信任何美丽的‘传说’，自己要有足够的定力和判断力。”

她把自己的经验总结成“做自己懂行的生意”。2002年入股市，凭此一条即可看出她是股市新手，她不亏钱谁亏钱？加盟连锁，她选择的是玩具出租连锁行业，但她缺乏开店经验，又不懂得如何调查市场，更何况那是一家外地连锁企业，异地操作加大了经营难度（不排除以连锁模式骗钱的可能性）。不懂行，又缺乏做生意的经验，加上异地操作的难度，此三要害使她的风险比一般的创业要高好多，怎么能指望成功？如果她能做深入的调查和了解，也许两项投资都会提前放弃，就能保有资金和信心继续寻找创业机会。

（二）利用亲友提供的机会创业的案例

亲友提供了创业的机会

有一名年轻人少年时代很苦，常常没有饭吃，是吃百家饭长大的。后来当了一名中学教师，日子过得也很清贫。成年后，由媒人牵线，他入赘到了河北，妻子也是人民教师，生活才基本稳定下来。

改革开放以后，北京的新闻出版事业发展很快。他们所在的河北紧靠北京，周边建起的很多小印刷厂都从北京揽活，因为成本低，能够与北京的大印刷厂竞争，活多得忙不过来。他的岳父和小舅子都是国营印刷厂的技术工人，看印刷生意红火，小舅子就辞职了，办了一家小印刷厂，但他的小舅子不善应酬，在北京揽不到活，只好接别人转手的活，利润也就很少了。

眼看着亲戚、邻居都盖起了楼房，这名年轻人按捺不住了，决定去商海闯荡。他辞去了从事20年的教育工作，开始创业，做起了印刷生意。

说是创业，其实是在北京揽活。那份辛酸自不必说，好在是苦孩子出身。刚开始接的常常是一两百块钱的订单，主要印些街头散发的宣传单或者货物单子，赚不了几个钱。经过一年的摸索，他的印刷厂逐渐跟北京的出版社、杂志社、图书文化公司建立起联系，市场渐渐打开了，从小胶印发展为大胶印。

小胶印设备便宜，但做不了大活，赚钱慢；大胶印赚钱快，但印刷机的价格每台从几十万元到上百万元，一时又买不起。好在家人在印刷行业干了多年，自然有办法买到旧印刷机，几乎是快淘汰的那种。他稍微整修了一下，因陋就简，就这样印了起来。印刷品质虽不怎么样，但价格便宜，所以也能揽到不少活；又因为工人工资、房租低，所以仍然能赚钱。生意一点一点滚雪球般做了起来，经过 10 多年的发展，如今企业已有了规模。

（三）认真调查研究的案例

孙正义通过认真调查创业

孙正义是日本软银公司的创始人，也是世界互联网产业的投资人。他在不到 20 年的时间内创立了一个网络产业帝国。

这一切成功都归功于孙正义在创办软银公司前，对所要创办的事业进行了认真的调查研究。首先，他设定了若干项事业的选择标准，如行业前景、是否创新、入行门槛、竞争情况、个人兴趣等；其次，他把自己认为有前途的几十个领域或相关项目找出来，并对这些项目做长达一年的市场调查和经营计划；最后，在调查研究的基础上，他根据选择标准，选择出最符合条件的“软件流通事业”（软件批发业），进而全力以赴地投入此行业，并获得了巨大的成功。

09 获取第一桶金的环境条件*

* 本部分引用了吕建中等著《精益人生管理》(经济科学出版社 2007 年版)一书的部分内容。

转危
为机

创业第一桶金

选址是一个较复杂的决策过程，涉及的因素比较多，考虑的角度不同，选址的决策结果就不一样。

归纳起来，影响选址的因素主要有五个方面：政治因素、经济因素、技术因素、社会因素和自然因素。其中经济因素和技术因素是对选址决策起基础作用的因素。

（一）地址选择

服务型企业的成功必然受到其所处的地理位置的影响。选择顾客期望的地址是服务型企业经营成功的重要因素，“餐馆最重要的三大因素是选址、选址、再选址”。如果门店不是位于人流量极大的区域，肯德基就无法获得足够的客流量，就无法获得成功。另外，社会治安、社区文化等商务环境因素也在一定程度上影响着服务型企业的成败。

肯德基在中国的选址

肯德基在中国的第一次选址就是在综合多种因素后作出的选择。创业者王先生分析了天津、上海、广州、北京四大城市的优劣势，虽然从经济形势看，在广州创建第一家肯德基，更容易为当地人所接受，而且成本低、收效快是很好的选择。但由于广州不是直辖市，也不是中国的政治文化中心，其影响程度和辐射面相对北京、上海较小。王先生考虑到北京有现代化设施、大量的流动人口、较好的全国形象和较高的政治文化地位，以及不断拓展的趋势，最后决定将第一家肯德基餐厅建在北京。

经济型酒店的选址要求

1. 地理位置

（1）靠近文化教育区、大型工业区、商贸中心、批发市场、展览中心、大型娱乐场所等区域。

（2）邻近主要公路（或高速公路）的交叉路口、交通枢纽、城市入口处、机场、火车站、汽车站、码头、地铁出口、大型停车场、商业网点等周边区域。

2. 建筑物

（1）周边有足够的空地，出行通畅并可停车。

（2）水、电、气、排污、通信等设施到位。

3. 交通条件

在选址附近至少有三条以上通达商业中心、火车站、汽车站的公交站线。

4. 市场环境

（1）了解周边有没有饭店、旅馆，它们的等级、经营情况（客源、房价等）。

（2）调查客流量（车流量、人流量），以及车（人）能否滞留。

（3）了解附近的企事业单位的情况，如单位种类、单位数量、基本经营情况等。

假如开办汽车旅馆，选址时则要考察拟建旅馆所在地点的车流量，观察新的公路、机场发展的动向，以靠近一条主要公路的交叉道附近为理想的修建地点。此外，某一特殊设施如机场、工业区、大学等附近，还有各大都市的市郊，由于人口密集程度日益增加，再加上我国积极倡导的城镇建设，这些日后遍布全国的新兴小城镇也是兴建汽车旅馆的较理想地址。此外，选址时还要考虑周边旅馆的竞争态势和配套设施的情况，在建设旅馆期间可与城镇管理部门和其他相关公司联系建立加油站、汽车维修厂、网吧、自动售货机、洗衣房、杂志和报刊零售店等。

（二）内部环境

经营场所的内部环境的设计也同样至关重要。

1. 设施

不同消费层次的顾客对服务设施的档次要求不同，因而企业要根据顾客不同的消费层次提供相应档次的设施。

服务设施是顾客消费服务和企业提供服务的硬件，若硬件不行，服务肯定也不行。服务设施主要包括服务设施的档次和服务设施的布局两个方面，因而提供恰当的服务设施就包括提供恰当档次的服务设施和选择恰当的设施布局。

（1）提供恰当档次的服务设施

简朴阶层消费者的需求特点是只购买基本服务，设施差点也不要紧，关键是服务价位要低。因而对于简朴阶层的顾客，设施的档次可以低于标准一些，比如选择二手设备等。

小康阶层消费者的需求特点是需要能够保证其身心健康的基本服务。因而，为小康阶层消费者服务的企业就要选择大众化品牌企业提供的设施。

便捷阶层消费者的消费特点是带有一些个性化，还想少花钱。因此企业就可选择一些价钱不是很高，但具有明显特点的分众化品牌企业所提供的设施和设备。

舒适阶层消费者消费特点是追求舒适，有很强的支付能力，个性化要求高。相应地，企业应选择高档品牌企业所提供的设施和设备。

顶级阶层消费者的消费特点是奢华或者异化。企业提供的服务设施要绝对高档，并追求个性化定制。

（2）恰当的服务设施布局

在设施布局规划上，制造类企业的目标是实现不同地区间的材料运输成本的最小化，而服务企业的目标是实现员工（有时是顾客）行走时间的最小化。通常有集群式布局、流程式布局和定位式布局三种可供选择的服务设施布局。

2. 服务氛围

服务氛围是指笼罩在某个特定场合的给人以某种强烈感觉的景象和情调。能引发顾客（潜）意识中需要的某种激情或情感，从而赢得顾客的满意度和忠诚度。服务氛围的形成大致由象征物、情调物、标识物、光、声、触、味、空间格调几种要素构成。象征物是指能够代表服务组织形象与使命的物件。企业的标志和形象代表也可以是象征物，如肯德基的标志是其创始人山德士上校；律师事务所和咨询公司的办公室大多都有暗色的办公家具和厚厚的地毯，以暗示稳重和高雅。

情调物是指能够引发顾客某种情绪的物件，比如通过“温馨提示”表达对顾客的关怀；利用名家字画引发某些顾客的文化情怀等。

标识物是指被用来直接或间接地向使用者传达关

于某个地方的信息。如门上的指示或者被用来提示目的地方向的指示（如指示去洗手间的路），或者传达一种行为规则（如为伤残人保留停车空地）。当然标识物也可以间接地向消费者传达关于公司的专业化程度等信息。

服务环境中的光、声、味、触、温度也是形成氛围的重要因素。通常情况下，餐馆的价格与餐厅灯光的亮度成反比，即餐馆越幽暗，食物价格越高。

后　记

在本书即将出版之际，2020 年 9 月 15 日，山东省委常委、青岛市委书记王清宪与 37 家来自全国的新经济头部企业负责人展开座谈，深化青岛城市新定位：建设创业城市。王清宪书记指出："青岛是一座青春之岛，是一个正在创业的城市，是城市中的'独角兽'。"当下的青岛正在充分发挥上合示范区、山东自贸试验区青岛片区等一系列国家战略叠加优势，抢抓人工智能和工业互联网蓬勃发展机遇，以开放思维集聚全球资源要素，培育壮大"四新经济"，打造产业链、资金链、人才链、技术链"四链合一"加优质高效政务服务环境的"4+1"发展生态，加快建设创业城市，让青岛成为成全四海企业家和创业者创意创新创造的"热带雨林"。

习近平总书记指出："创新是社会进步的灵魂，创业是推动经济社会发展、改善民生的重要途径。”[1]从青岛管窥全国，当前我国正处于历史发展的关键时期，一是人类社会正处于新科技革命时期，传统的科技正被新科技置换，传统的发展方式正被新的发展方式替换。二是目前我国正处于民族伟大复兴的拐点，在超车的道路上，要着重发展短板和薄弱环节，加大创新创业的力度，以实现中华民族伟大复兴的中国梦。一个国家只有创新创业才能适应社会进步的需要！

吴秀梅

2020 年 9 月 16 日

---

① 资料来源：习近平，“创业梦 中国梦”有利青年开启创业理想，新华网，2013 年 11 月 8 日。